© 1991 Les Editions Albert René / Goscinny-Uderzo.
Publié avec l'autorisation des Livres du Dragon d'Or, Paris
Mise en images des recettes: Atelier Philippe Harchy.
Mise en pages: Jean-Pierre Morvan.
ISBN 2-89393-154-5. Imprimé en Italie.

LA CUISINE AVEC

Astérix

pour petits Gaulois débrouillards et gourmands

Illustrations d'Albert Uderzo

Recettes de Marie-Christine Crabos

 **Phidal**

SOMMAIRE

J'AI HÂTE DE GOÛTER À TOUTES CES BONNES RECETTES, ASTÉRIX !

En-cas et entrées

Plats

Délices

Boissons

BISCOTTES AU ROQUEFORT DU CHEF

RECETTE POUR 4 PERSONNES
Préparation : 10 mn. **Cuisson** : 15 mn.
Matériel : un grand bol, une moulinette, un couteau à beurre, une plaque pour le four, une spatule, un plat de service.
Préchauffer le four : th. 5 (150°).

MOI, JE COUPE LE FROMAGE, APPORTE QUELQUES BISCOTTES, OBÉLIX !

INGREDIENTS

8 biscottes

4 petits-suisses nature

50 g de roquefort

25 g de noix décortiquées

50 g de beurre mou

poivre ou piment de Cayenne

Dans le bol, mettre le roquefort et l'écraser à la fourchette.

Ajouter les 4 petits-suisses. Mélanger.

Ajouter les noix passées à la moulinette. Mélanger à nouveau.

Goûter. Ajouter du poivre ou du piment de Cayenne selon les goûts.

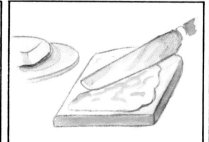

Tartiner les biscottes avec le beurre mou pour ne pas les casser.

Poser les biscottes sur la plaque du four. Recouvrir chaque biscotte avec la pâte au roquefort.

Mettre la plaque dans le four, th. 5, pendant une quinzaine de minutes.

Sortir la plaque du four. Prendre les biscottes à la spatule pour les mettre sur le plat de service.

CANAPÉS À LA ROMAINE

RECETTE POUR 24 CANAPES
Préparation : 15 minutes.
Pas de cuisson.
Matériel : un couteau de cuisine, un couteau à beurre, une cuiller, une planche, une assiette plate, une passoire, papier absorbant, un plateau ou un plat de service.

IL N'Y A PAS D'ORGIE ROMAINE DIGNE DE CE NOM SANS CANAPÉS !

INGREDIENTS

6 tranches
de pain de mie carré

100 g
de beurre mou

2 cuil. à soupe
de moutarde

6 tranches
de fromage cheddar
en paquet

24 feuilles
de cresson

6 radis
roses

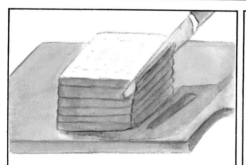

A l'aide du couteau, retirer toute la croûte des tranches de pain de mie.

Dans l'assiette, mélanger le beurre mou et la moutarde avec la cuiller.

Beurrer les tranches de pain avec cette préparation et les couper en quatre.

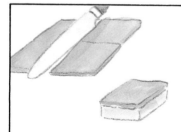

Couper les tranches de cheddar en quatre et les poser sur les 24 morceaux de pain.

Laver et essorer le cresson. Laver les 6 radis. Les sécher avec le papier absorbant.

Couper chaque radis en 4 rondelles, sans utiliser les 2 extrémités.

Disposer les canapés sur le plateau ou sur le plat de service.

Sur chaque canapé, poser une feuille de cresson bien sèche.

Terminer de décorer en plaçant une rondelle de radis sur la feuille de cresson.

ILS SONT FOUS, CES ROMAINS!

CRABE EN SALADE DE LA LÉGION

LÉGION, À MON COMMANDEMENT... EN CRABE !

RECETTE POUR 4 PERSONNES
Préparation : 20 minutes.
Cuisson : 15 minutes.
Matériel : une petite casserole, un couteau de cuisine, 2 assiettes creuses, un bol, un saladier, une essoreuse à salade.

INGREDIENTS

8 bâtonnets de crabe (surimi)

2 avocats

une laitue

un pamplemousse

2 oeufs

un citron

un pot de mayonnaise de 250 g

Chauffer l'eau dans la casserole pour faire cuire les oeufs.

Lorsque l'eau bout, poser délicatement les oeufs et laisser cuire 12 minutes.

Une fois les oeufs cuits, les passer sous l'eau froide et enlever la coquille.

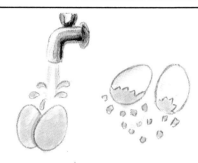

Eplucher le pamplemousse et retirer la peau des quartiers en gardant le jus.

Retirer la peau des avocats et les noyaux.

Couper les avocats en morceaux et presser le citron dessus.

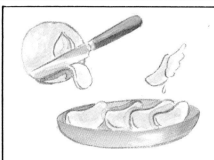

Laver le coeur de la salade, l'essorer. Mettre les feuilles dans le saladier.

Ajouter les quartiers de pamplemousse (sans le jus) et les avocats.

Ajouter les bâtonnets de crabe coupés en trois morceaux.

Décorer le plat avec les 2 oeufs durs coupés en rondelles.

Dans le bol, mettre la mayonnaise et ajouter le jus du pamplemousse.

Mélanger et verser cette sauce sur la salade au moment de servir.

13

CROQUE-SARDINES D'ORDRALFABÉTIX

RECETTE POUR 4 PERSONNES
Préparation : 15 mn. **Cuisson** : 10 mn.
Matériel : un ouvre-boîte, une terrine, une fourchette, une casserole de taille moyenne, un fouet, une tasse, un couteau, une poêle.

INGREDIENTS

une boîte de sardines à l'huile

1/2 verre de lait

une cuil. à soupe rase de farine

100 g de gruyère râpé

un oeuf

50 g de beurre

une cuil. à café d'huile

sel

poivre

8 tranches de pain de mie

ELLES SONT À CROQUER...

Ouvrir la boîte de sardines. Verser l'huile dans la terrine.

Retirer les arêtes et les peaux et mettre les sardines dans la terrine.

Dans la casserole, faire chauffer à feu doux le demi-verre de lait.

Lorsque le lait est chaud, ajouter le fromage et la farine. Mélanger au fouet.

Ajouter les sardines et leur huile, puis éteindre le feu.

Dans la tasse, casser l'oeuf entier. Mettre du sel et du poivre et battre avec la fourchette.

Verser l'oeuf dans la casserole. Bien mélanger.

Remettre le tout dans la terrine pour laisser tiédir.

Tartiner 4 tranches de pain avec ce mélange...

... et recouvrir chacune avec les 4 autres tranches.

Dans la poêle, chauffer le beurre à feu doux, avec un peu d'huile pour qu'il ne noircisse pas.

Cuire les croque-sardines 5 minutes de chaque côté. Servir bien chaud.

CRUDITÉS EN FONDUE DE PETITSUIX

RECETTE POUR 8 A 10 PERSONNES
Préparation : 40 minutes.
Matériel : une passoire, un couteau, une fourchette, une planche, un bol, un grand plat rond.

INGREDIENTS

un chou-fleur

une botte de radis

un pied de céleri

une botte de carottes

6 petits-suisses nature

100 g de roquefort

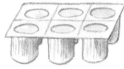

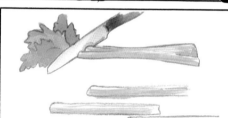

100 g
de crème fraîche

2 cuil. à soupe
de vinaigre

poivre
sel

ET SURTOUT N'OUBLIEZ PAS DE MANGER PROPREMENT !

Détacher les petits bouquets du chou-fleur. Les passer sous l'eau.

Eplucher et laver les carottes. Les couper en bâtonnets de l'épaisseur d'un crayon.

Couper les feuilles et le bas du pied de céleri : il reste les tiges. Les laver et les couper en 3 dans le sens de la largeur, en retirant les fils.

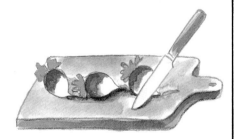

Eplucher les radis en gardant 2 cm de queue. Les laver et couper les petites racines.

Dans le bol, écraser le roquefort avec la fourchette.

Ajouter : crème fraîche, petits-suisses, vinaigre et poivre. Mélanger.

Goûter cette sauce. Ajouter du sel si cela est nécessaire.

Poser le bol de sauce au milieu du grand plat rond et disposer les légumes tout autour.

Chacun se sert en plongeant un morceau de légume dans la sauce.

17

SALADE EXOTIQUE DE PAMPLEMUS

RECETTE POUR 4 PERSONNES
Préparation : 20 minutes.
Pas de cuisson.
Matériel : un couteau de cuisine, un ouvre-boîte, une planche, un plat creux, un verre.

INGREDIENTS

une petite boîte de coeurs de palmier

un pamplemousse

4 tomates

2 avocats

un citron

100 g d'olives noires ou de raisins secs

vinaigrette au citron

AUJOURD'HUI, SALADE EXOTIQUE. UNE RECETTE QUE J'AI RAPPORTÉE D'UNE DE MES CAMPAGNES EN AFRIQUE.

?

Couper les tomates en rondelles et les placer autour du plat.

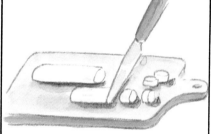

Garder 2 coeurs de palmier entiers. Couper les autres en morceaux.

Décorer le centre du plat avec les 2 coeurs de palmier entiers. Placer les morceaux tout autour.

Couper les avocats en quatre. Retirer la peau et le noyau.

Passer tout de suite les avocats au jus de citron, sinon la chair noircit.

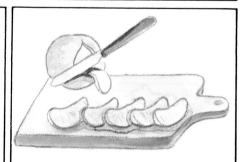

Eplucher le pamplemousse. Retirer la peau de chaque quartier.

Placer le pamplemousse et les avocats entre les tomates et les coeurs de palmier.

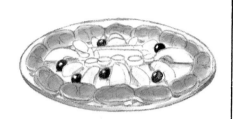

Ajouter les olives. Si vous ne les aimez pas, remplacez-les par des gros raisins secs ramollis dans l'eau chaude.

Au moment de servir, verser un verre de vinaigrette sur le plat.

PAMPLEMUS, TU ES LE MEILLEUR CUISINIER DES LÉGIONS DE CÉSAR!

C'EST QU'EN DIX-HUIT ANS DE SERVICE, J'AI VU DU PAYS ET J'AI APPRIS DEUX OU TROIS TRUCS.

SALADE À LA GUIMAUVE DU DRUIDE

RECETTE POUR 4 PERSONNES
Préparation : 30 mn. **Pas de cuisson**.
Matériel : un couteau de cuisine, une planche, un couteau économe, un bol, un grand saladier.

INGREDIENTS

12 bonbons à la guimauve (marshmallows)

1/2 chou vert lisse

3 tranches d'ananas en boîte

un poivron vert

3 carottes

un citron

1/2 pot de mayonnaise

2 cuil. à soupe de crème fraîche

sel et poivre

> DIS, ASTERIX, TU CROIS QUE PANORAMIX ME LAISSERA GOÛTER À SA SALADE MAGIQUE !

Retirer les feuilles fanées du chou et le passer sous l'eau.

Couper le chou en fines lamelles.

Passer également le poivron sous l'eau.

Couper le poivron en fines rondelles. Retirer les pépins s'il y en a.

Eplucher les carottes avec le couteau économe et les couper en allumettes.

Egoutter les tranches d'ananas, puis les couper en petits dés.

Dans le bol, mélanger le jus du citron, la crème fraîche, la mayonnaise. Saler et poivrer.

Dans le saladier, mettre les légumes, les dés d'ananas et les bonbons.

Au moment de servir, verser la sauce. Mélanger. Ajouter sel et poivre si nécessaire.

ALORS, ON ME LAISSE LA PRÉPARER, CETTE SALADE ?!

?

21

TOMATES FARCIES À L'AVOCAT DE RAHÃZADE

RECETTE POUR 4 PERSONNES
Préparation : 15 minutes.
Pas de cuisson.
Matériel : un couteau de cuisine, une fourchette, une passoire, une petite cuiller, une terrine, une planche, un hachoir à fines herbes, un plat de service.

RAHÃZADE NOUS ATTEND POUR DÎNER. ELLE NOUS A PRÉPARÉ SA SPÉCIALITÉ !

INGREDIENTS

8 tomates mûres mais fermes de taille moyenne

2 avocats moyens

un citron

un poivron vert

un petit oignon

sel

2 cuil. à soupe de mayonnaise

Couper les chapeaux des tomates. Les garder. Vider les tomates à la cuiller.

Saler légèrement l'intérieur des tomates et les poser à l'envers dans la passoire.

Couper les avocats en deux, retirer le noyau et la peau, les mettre dans la terrine.

Ecraser la chair des avocats à la fourchette et presser le jus du citron dans la terrine.

Nettoyer le poivron et le couper en rondelles, puis en petits dés.

Eplucher l'oignon et le couper en morceaux les plus petits possible...

... ou, si vous en avez un, utiliser un hachoir à fines herbes.

Ajouter aux avocats écrasés le poivron en dés, l'oignon et la mayonnaise. Mélanger.

Remplir les tomates. Placer les chapeaux. On peut servir sur des feuilles de laitue.

BOULETTES DE BŒUF DE GERGOVIE

RECETTE POUR 4 PERSONNES
Préparation : 20 mn. **Cuisson** : 40 mn.
Matériel : une terrine, un grand bol, un verre gradué, une fourchette, un presse-ail ou une moulinette à fines herbes, une écumoire, une grande casserole, un plat.

INGREDIENTS

500 g de boeuf haché

500 g de petits pois surgelés

60 g de mie de pain

2 gousses d'ail

une cuil. à café de noix muscade

2 cuil. à soupe de persil surgelé

un oeuf

sel

poivre

20 cl d'eau

1/4 de verre d'huile

POUR RÉUCHIR LA RECHETTE, IL NE FAUT CHURTOUT PAS OUBLIER LE PERCHIL, LA MUCHCADE ET LE CHEL, VOUS CHAVEZ !

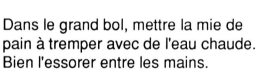

Mettre la viande hachée dans la terrine.

Dans le grand bol, mettre la mie de pain à tremper avec de l'eau chaude. Bien l'essorer entre les mains.

Ajouter la mie à la viande hachée. Casser l'oeuf entier dans la terrine.

Ajouter le persil, la noix muscade, du sel et du poivre.

Sur la terrine, presser les 2 gousses d'ail avec le presse-ail ou les mouliner.

Bien mélanger le tout à la main ou avec la fourchette.

24

A la main, faire des boulettes un peu plus grosses qu'une noix.

Dans la casserole, verser 20 cl d'eau et le quart de verre d'huile. Faire bouillir.

Plonger les boulettes une par une dans la casserole à l'aide de l'écumoire.

Baisser le feu. Faire cuire 30 minutes.

Ajouter les petits pois surgelés et laisser cuire encore 10 minutes.

Verser le tout dans le plat creux de service.

25

BROCHETTES DE CREVETTES DES GLADIATEURS

GLADIATEURS, COMMENT VOUS BATTEZ-VOUS ?

RECETTE POUR 4 PERSONNES
Préparation : 15 mn. **Cuisson** : 20 mn.
Matériel : 4 brochettes, une planche,
un couteau de cuisine, une cocotte, une
cuiller de bois, un grand plat creux allant
au four (ou une poêle et un presse-ail),
un plat creux de service.
Préchauffer le four : th. 8 (240°).

INGREDIENTS

600 g
de grosses crevettes
grises surgelées crues
(gambas)

2 oignons

50 g de pignons
de pin

50 g d'amandes
effilées

50 g de
raisins secs

300 g
de riz long
américain

un cube de
bouillon de
volaille

2 cuil. à soupe
de miel d'acacia

1/2 verre
d'huile

sel
poivre

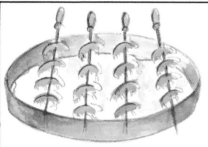

Enfiler les crevettes sur les
4 brochettes, les poser sur le
plat creux. Passer un peu
d'huile avec le doigt.

Eplucher les oignons, les
couper en deux, puis en
fins morceaux.

Dans la cocotte, mettre
l'huile qui reste et les oignons.
Faire chauffer à feu moyen.

Dès que les oignons
deviennent transparents,
ajouter le riz et mélanger.

Quand le riz est transparent,
le couvrir d'une fois et demie
son poids d'eau (450 g).

Ajouter le cube de bouillon et
le miel. Cuire à petit feu
en remuant souvent .

Au bout de 10 minutes, ajouter pignons, amandes, raisins secs, sel et poivre.

Laisser cuire encore 10 minutes. Goûter. Si le riz est tendre, arrêter la cuisson.

Pendant ce temps, mettre le plat de crevettes sous le grill, ou à four préchauffé, th. 8.

Au grill, les crevettes cuisent 5 mn de chaque côté; au four, il faut compter 10 mn par côté.

Verser le riz dans le plat de service. Poser dessus les brochettes.

Variante
On peut cuire les crevettes à la poêle avec 2 cuillerées à soupe d'huile d'olive et 2 gousses d'ail pressées.

CUISSES DE POULET À LA BONEMINE

RECETTE POUR 4 PERSONNES
Préparation : 10 minutes. **Cuisson** : 1 heure.
Matériel : une planche, un couteau de cuisine, une cuiller, 2 plats allant au four, une casserole (ou une terrine micro-ondes), un légumier.
Préchauffer le four : th.6 (180°).

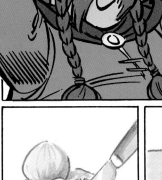

> CERTES, MA POSITION D'HOMME IMPORTANT ME DONNE DROIT À UNE CERTAINE AUTORITÉ...

INGREDIENTS

4 cuisses de poulet

4 cuil. à soupe de moutarde Savora

8 fines tranches de lard fumé

2 oignons

200 g de crème fraîche

sel et poivre

une grosse boîte de petits pois

un grand paquet de chips

Eplucher les oignons. Les couper en deux.

Les poser à plat sur la planche et les couper en rondelles.

Mettre les rondelles dans le fond d'un plat allant au four.

Tartiner chaque cuisse de poulet d'une cuillerée à soupe de Savora.

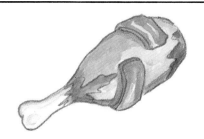

Ajouter du sel et du poivre. Enrouler chaque cuisse de 2 tranches de lard fumé.

Poser les cuisses de poulet sur les oignons. Les recouvrir avec la crème fraîche.

Mettre le plat au four préchauffé, th. 6, pendant 1 heure.

Au bout de 3/4 d'heure, chauffer les petits pois dans la casserole pendant 1/4 d'heure à feu doux (ou 6 minutes dans une terrine au micro-ondes).

Lorsque le poulet est cuit, mettre les chips 5 minutes au four normal, dans le deuxième plat.

.BONEMINE, TU DEVRAIS ÊTRE FIÈRE D'ÊTRE LA FEMME DU CHEF INCONTESTÉ DU VILLAGE, D'ÊTRE LA PREMIÈRE FEMME DU VILLAGE. UN PEU DE MA GLOIRE REJAILLIT SUR TOI ET...

AU LIEU DE DIRE DES SORNETTES, AIDE-MOI À PLUMER CE POULET !

GRATIN DAUPHINOIS DE LA COMPAGNIE

RECETTE POUR 4 PERSONNES
Préparation : 15 minutes. **Cuisson** : 1 heure.
Matériel : un couteau économe, un couteau de
cuisine, une casserole, une passoire, un plat en terre
ou en pyrex de 24 cm de diamètre, papier aluminium.
Préchauffer le four : th. 6 (180°).

INGREDIENTS

ENGAGEZ-VOUS, RENGAGEZ-VOUS QU'ILS DISAIENT...

800 g de pommes de terre à chair ferme

un litre de lait

400 g de crème fraîche épaisse

2 gousses d'ail

1/2 cuil. à café de noix muscade râpée

50 g de beurre

sel

poivre

Eplucher les pommes de terre avec le couteau économe. Les rincer.

Les couper en rondelles de 2 mm d'épaisseur et les mettre dans la casserole.

Ajouter le lait froid, du sel et du poivre. Chauffer la casserole.

Retirer du feu avant que le lait ne déborde. Egoutter les pommes de terre.

Couper les gousses d'ail en deux. Frotter le fond et le tour du plat avec l'ail.

Verser les pommes de terre dans le plat.

Mélanger la noix muscade et la crème fraîche. Saler, poivrer. Verser sur les pommes de terre.

Ajouter le beurre en petits morceaux pour dorer le dessus. Mettre au four, th. 6, pendant une heure.

Si le plat dore trop vite, le laisser cuire en posant dessus une feuille de papier d'aluminium.

ET PATATE !,
ET PATATE A,
QU'ILS DISAIENT !

HAMBURGERS D'AMÉRIX

INGREDIENTS

RECETTE POUR 4 HAMBURGERS
Préparation : 15 mn. **Cuisson** : 12 mn.
Matériel : un couteau de cuisine, une planche, un grand bol, une poêle, une spatule.

2 oignons

600 g de steak haché

une cuil. à soupe de sauce anglaise Worcester

une cuil. à café d'huile d'arachide

50 g de beurre

4 pains à hamburgers

sel   poivre

> FAMEUX, TES HAMBURGERS, COUSIN AMÉRIX ! QUEL EST LE SECRET DE TA RECETTE ?

Avec le couteau, éplucher les oignons et les couper en deux.

Les poser sur la planche, le côté plat en-dessous. Les fendre en quartiers.

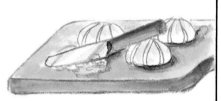

Couper ces quartiers dans l'autre sens pour obtenir de tout petits morceaux.

Dans le grand bol, mettre la viande hachée. Ajouter les oignons, la sauce anglaise...

...du sel et du poivre. Mélanger avec les mains (propres !) et faire 4 boules.

Dans la poêle, faire fondre le beurre avec la cuillerée à café d'huile, à feu moyen.

Mettre les boules de viande dans la poêle et les aplatir légèrement avec la spatule.

Les faire cuire 5 minutes environ d'un côté, puis de l'autre, à feu moyen.

Couper les pains en deux, mettre la viande à l'intérieur et servir immédiatement.

C'EST POURTANT SIMPLE, JE LES PRÉPARE À L'AIDE DE MA SERPE D'OR !

RECETTE POUR 4 PERSONNES
Préparation : 5 mn. **Cuisson** : 10 mn.
Matériel : une grande casserole, un couteau de cuisine, une planche, une poêle et son couvercle, une cuiller de bois.

HOT DOGS D'IDÉFIX

INGREDIENTS

une baguette
de pain

4 saucisses
de Francfort

2 oignons

2 cuil. à soupe
d'huile

4 cuil. à soupe
de moutarde

QU'EST CE QUE VOUS PRENEZ ? C'EST MA TOURNÉE !

POUR MOI, CE SERA UN HOT DOG* !

KÄI KÄI KÄI

* HOT DOG : CHIEN CHAUD

Faire chauffer l'eau dans une casserole assez grande pour contenir les saucisses.

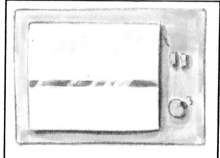

Allumer le four, th. 3 (90°), pour le préchauffer.

Eplucher les oignons. Les couper en 2 dans le sens de la longueur.

Puis recouper chaque moitié en fines lamelles.

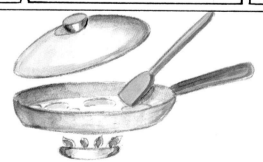

Dans la poêle, mettre l'huile et les oignons. Couvrir et cuire doucement 10 minutes. Remuer de temps en temps.

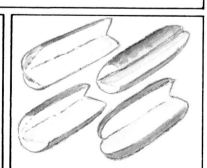

Couper le pain en 4 morceaux. Les ouvrir d'un seul côté.

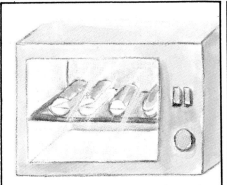

Mettre les morceaux de pain dans le four pour les tiédir.

Lorsque l'eau de la casserole bout, y plonger les saucisses.

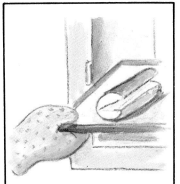

Au bout de 10 minutes sortir le pain du four.

Après 10 mn de cuisson, sortir les saucisses de la casserole.

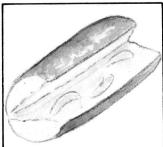

Répartir les oignons cuits à l'intérieur des morceaux de pain.

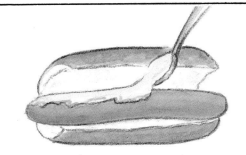

Puis y ajouter les saucisses. Tartiner de moutarde chaque saucisse. Fermer le pain et déguster.

LE PREMIER QUI TOUCHE À IDÉFIX SE RAMASSE UNE BAFFE !...

RISOTTO CORSE AU POULET FUMÉ

RECETTE POUR 4 PERSONNES
Préparation : 30 mn. **Cuisson** : 20 mn.
Matériel : une planche, un couteau de cuisine, une cocotte, une cuiller de bois, un verre gradué, un plat creux de service.

ALORS, ÇA VIENT LES POULETS FUMÉS !

INGREDIENTS

une petite boîte de concentré de tomate

2 oignons

un cube de bouillon de volaille

sel et poivre

1/2 verre d'huile

300 g de riz long américain

70 g de gruyère râpé

une cuil. à café d'herbes de Provence

un petit poulet cuit fumé

Eplucher les oignons et les couper en deux, dans le sens de la longueur.

Poser les oignons sur la planche, le côté plat en dessous. Les fendre en fins quartiers.

Les couper dans l'autre sens pour obtenir des petits morceaux. Les mettre dans la cocotte avec le demi-verre d'huile.

Verser les 300 g de riz dans le verre gradué pour bien retenir la hauteur.

Retirer la peau du poulet fumé. Séparer la chair du poulet des os et couper celle-ci en tout petits morceaux.

Mettre la cocotte sur feu moyen. Cuire les oignons 2 minutes. Ajouter le riz.

En remuant, faire revenir le riz jusqu'à ce qu'il soit imbibé d'huile et qu'il commence à dorer.

Dans le verre gradué, verser un volume d'eau qui représente une fois et demi le volume du riz.

Verser l'eau dans la cocotte. Ajouter le cube de bouillon et le concentré de tomate. Mélanger. Baisser le feu.

Au bout de 10 minutes, ajouter le poulet, les herbes de Provence, une petite pincée de sel et un peu de poivre.

Laisser cuire encore 10 minutes en remuant souvent pour que le fond n'attache pas.

Vérifier la cuisson du riz. Ajouter alors le fromage râpé. Mélanger et verser dans le plat creux.

37

SPAGHETTI AU SAUMON DES NORMANDS

RECETTE POUR 4 PERSONNES
Préparation : 15 mn. **Cuisson** : 10 à 12 mn.
Matériel : une grande casserole, une planche,
une passoire, un bol, un couteau de cuisine,
une cuiller de bois, 4 assiettes creuses.

INGREDIENTS

VOILÀ DÉJÀ LES SPAGHETTI !

250 g de
spaghetti

3 tranches de
saumon fumé
en sachet

beurre

4 cuil. à soupe
de crème fraîche

un sachet de
parmesan râpé

une cuil. à soupe d'huile
sel, poivre

Mettre de l'eau à bouillir
dans la casserole. Ajouter
l'huile et une pincée de sel.

Sortir les tranches de saumon
de leur sachet et les poser
à plat sur la planche.

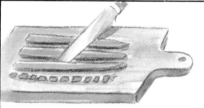

Les couper en lanières,
et ensuite en petits
morceaux.

Plonger les spaghetti
dans l'eau bouillante.
Bien remuer. Laisser
cuire 10 à 12 minutes.

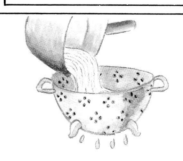

Goûter les spaghetti. Lorsqu'ils
sont cuits, les égoutter en les versant
dans la passoire au-dessus de l'évier.

Replacer la casserole
sur le feu. Faire fondre
le beurre, à feu doux.
Ajouter les spaghetti.

Bien mélanger. Ajouter les cuillerées de crème fraîche...

... et le saumon en petits morceaux. Poivrer. Mélanger. Eteindre le feu.

Servir les spaghetti directement dans les assiettes creuses et le parmesan dans le bol.

BANANES ROYALES DU BARDE

INGREDIENTS

4 bananes

250 g de fraises

une barquette de framboises

4 cuil. à soupe de gelée de groseille

une bombe de crème Chantilly

1/2 litre de glace à la vanille

4 gaufrettes éventail

PENDANT QU'IL MANGE, IL NE CHANTE PAS !

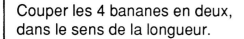

Couper les 4 bananes en deux, dans le sens de la longueur.

Placer deux moitiés de banane sur chaque assiette.

Laver les fraises à l'eau froide.

Retirer les queues des fraises. Les sécher dans du papier absorbant.

Couper les fraises en deux et les disposer à côté des bananes sur les assiettes.

Poser les framboises de l'autre côté des bananes, sans les laver.

Dans le bol, verser la gelée de groseille et la battre avec le fouet.

Mettre un peu de gelée sur chaque banane.

Prendre la glace dans sa boîte avec la cuiller à glace ou à soupe.

Disposer 2 boules de glace au milieu de chacune des assiettes.

Agiter la bombe de crème Chantilly. Décorer selon votre goût. Placer une gaufrette.

Servir très vite, pour que la glace ne fonde pas.

MAINTENANT QUE J'AI FINI JE VAIS VOUS INTERPRÉTER UN PETIT QUELQUE CHOSE !

HUM ?

BROWNIES D'OBÉLIX AUX NOIX

RECETTE POUR 16 BROWNIES
Préparation : 25 mn. **Cuisson** : 20 à 25 mn.
Matériel : une poêle, une casserole de taille moyenne, une terrine, un fouet, un couteau de cuisine, un moule carré anti-adhésif de 25 x 25 cm, une planche, un petit morceau de papier d'aluminium, un plat de service.
Préchauffer le four : th. 6 (180°).

JE NE VAIS MANGER QUE CES GÂTEAUX AVEC PEUT-ÊTRE UN PETIT QUELQUE CHOSE DESSUS...

AH, OUI ? ET QUOI DONC ?!

INGREDIENTS

100 g de chocolat à 65 % de cacao	2 oeufs	150 g de sucre	100 g de farine

125 g de beurre + 25 g pour beurrer le moule	100 g de cerneaux de noix	sel

Dans la poêle, mettre de l'eau à chauffer pour faire un bain-marie.

Dans la casserole, casser le chocolat en carrés et ajouter 125 g de beurre.

Poser la casserole dans la poêle d'eau bouillante. Remuer souvent.

Quand le mélange est bien fondu, retirer du feu et éteindre.

Dans la terrine, mettre la farine, le sucre et les oeufs.

Ajouter une pincée de sel. Bien mélanger avec le fouet.

Sur la planche, couper les noix en morceaux avec le couteau.

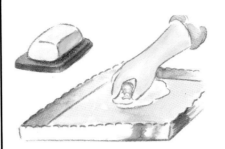

Ajouter les noix à la préparation de la terrine, ainsi que le chocolat fondu.

Beurrer le moule à l'aide d'un petit morceau de papier d'aluminium.

Verser le contenu de la terrine dans le moule. Mettre au four préchauffé, th. 6.

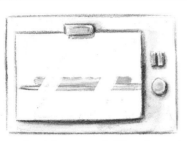

Au bout de 20 mn, vérifier la cuisson : le dessus du gâteau ne doit pas briller. Plonger la lame d'un couteau au milieu du gâteau, elle doit ressortir humide.

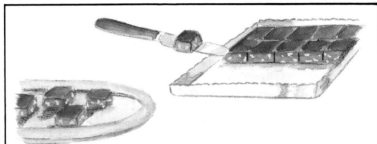

Sortir le gâteau du four et le laisser tiédir dans le moule. Découper des carrés et les disposer sur le plat. On peut également servir les brownies avec de la glace à la vanille.

UN SANGLIER, PAR TOUTATIS !

CØUPES GLÅCÉES DES VIKINGS

RECETTE POUR 4 COUPES
Préparation : 10 minutes.
Cuisson : 5 minutes.
Matériel : 4 coupes profondes, une casserole de taille moyenne, un fouet, une passoire, un couteau de cuisine, une cuiller à glace.

INGREDIENTS

1/2 litre de glace à la fraise

un paquet de petites meringues

250 g de fraises

une bombe de crème Chantilly

6 cuil. à soupe de gelée de groseille

¡ICEBERG DRØIT DEVÅNT !

Mettre les 4 coupes au réfrigérateur pour qu'elles soient bien froides.

Dans la casserole, mettre les 6 cuillerées à soupe de gelée de groseille. Ajouter le même volume d'eau.

Chauffer en mélangeant au fouet. Faire tiédir en fouettant de temps en temps.

Laver les fraises et les égoutter avant de retirer les queues.

Dans chaque coupe, mettre 4 fraises (couper les plus grosses).
Ajouter 2 ou 3 petites meringues.

Prendre de la glace avec la cuiller spéciale et mettre 2 boules par coupe.

Verser la gelée de groseille refroidie dans les 4 coupes.

Remplir de crème Chantilly après avoir agité la bombe.

Décorer avec ce qu'il reste de fraises et de meringues.

45

GÂTEAU EXOTIQUE DE CLÉOPÂTRE

RECETTE POUR 6 PERSONNES
Préparation : 15 mn. **Cuisson** : 30 mn.
Matériel : une passoire, 2 petites casseroles, un moule à manqué anti-adhésif de 24 cm de diamètre, une terrine, un fouet, un plat rond.
Préchauffer le four : th. 6 (180°).

GAULOIS ! POUR VOUS REMERCIER DES SERVICES QUE VOUS M'AVEZ RENDUS, JE VOUS OFFRE CE GÂTEAU DIGNE DE MOI, COUPEZ-LE EN TROIS PARTS.

INGREDIENTS

une boîte de 10 tranches d'ananas au sirop

4 cuil. à soupe de caramel liquide

100 g de beurre

3 oeufs

100 g de farine

un sachet de levure chimique

100 g de sucre cristallisé

une pincée de sel

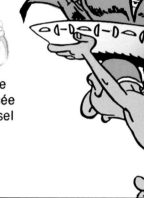

Dans le moule à manqué, verser les 4 cuillerées à soupe de caramel.

Etaler le caramel sur le fond et le bord du moule avec le dos de la cuiller.

Ouvrir la boîte d'ananas. La verser dans la passoire, garder le jus dans une casserole.

Couper les tranches en deux, sauf une. Disposer les demi-tranches autour du moule. Poser, au centre, la rondelle entière.

Dans la terrine, verser le sucre, la farine, la levure et le sel.

Dans l'autre casserole, faire fondre le beurre à feu doux (ou bien, dans un bol, le passer une minute au micro-ondes).

Dans la terrine, ajouter les 3 oeufs un par un, puis le beurre fondu.

Battre au fouet jusqu'à ce que le mélange soit bien crémeux.

Verser la préparation dans le moule. Mettre au four, th.6, à mi-hauteur.

Au bout de 30 minutes, sortir le gâteau du four et le retourner sur le plat.

Faire chauffer le jus d'ananas gardé dans la casserole pendant 10 mn, à feu doux.

Verser le jus sur le gâteau. Laisser reposer. Ce gâteau se déguste tiède ou froid.

TROIS PARTS ! OBÉLIX.

BEN QUOI, J'AI COUPÉ TROIS PARTS !

GROS GOURMAND, VA !

RECETTE POUR 12 PERSONNES
Préparation : 20 mn. **Cuisson** : 30 mn
Matériel : 2 terrines, 2 casseroles, 2 fouets, un verre gradué, une balance, un tamis, un saladier, un batteur électrique, 2 moules à manqué de 24 cm de diamètre, une poêle, un plat de service, une spatule.
Préchauffer le four : th. 6 (180°).

GÂTEAU AU CHOCOLAT DU PLAT PAYS

VENEZ, LES AMIS, JE VAIS VOUS FAIRE GOÛTER MA SPÉCIALITÉ, LE GÂTEAU DU PLAT PAYS. MAIS IL N'EN RESTE QUE QUELQUES TRANCHES, J'ESPÈRE QUE ÇA SUFFIRA COMME AMUSE-GUEULE!

INGREDIENTS

300 g de farine   300 g de sucre   125 g de beurre   100 g de cacao non sucré

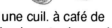

200 g de yaourt bulgare   100 g de noix de coco en poudre   un verre d'eau chaude

une cuil. à café de vanille en poudre   une cuil. à café de bicarbonate de soude   une cuil. à café de sel

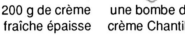

2 oeufs   200 g de chocolat noir   200 g de crème fraîche épaisse   une bombe de crème Chantilly

Dans une terrine, mélanger au fouet le cacao et l'eau très chaude. Laisser refroidir.

Faire fondre le beurre dans une casserole à feu doux ou dans un bol, au four à micro-ondes (1 minute).

Dans le saladier, mélanger le beurre et le sucre en battant avec le fouet.

Casser les oeufs. Garder les blancs dans l'autre terrine, mettre les 2 jaunes dans le saladier et battre au fouet.

Ajouter le cacao fondu, la farine passée au tamis, le sel, la vanille, le bicarbonate, le yaourt. Bien mélanger.

Battre les 2 blancs en neige...

... Les ajouter au mélange, en soulevant la pâte pour ne pas les casser.

Beurrer les 2 moules. Les remplir chacun avec la moitié du mélange. Mettre au four, th. 6, pendant 30 minutes.

Faire fondre le chocolat dans une casserole posée dans la poêle contenant de l'eau. Hors du feu, ajouter la crème fraîche.

Démouler un gâteau dans le plat de service. Etaler dessus 1/3 de la crème au chocolat. Saupoudrer de noix de coco.

Démouler le second gâteau sur le premier. Avec la spatule, étaler le reste de crème sur le dessus et sur le tour. Mettre au réfrigérateur.

Au moment de servir, décorer avec la crème Chantilly.

49

RECETTE POUR 4/6 PERSONNES
Préparation : 15 minutes.
Cuisson : 30 minutes.
Matériel : un bol, une terrine, deux couteaux, un plat en terre ou en pyrex de 28 cm de diamètre, papier absorbant.
Préchauffer le four : th. 9 (270°).

GRATIN AUX POMMES D'AMOUR

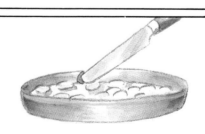

ALORS, TU LUI OFFRES TON GRATIN AUX POMMES !...

INGREDIENTS

5 belles pommes golden

50 g de raisins secs ou un carton de framboises

150 g de farine

220 g de sucre brun en poudre

150 g de margarine

crème fraîche liquide

Si vous utilisez des raisins secs, les faire tremper dans le bol avec de l'eau chaude.

Dans la terrine, verser la farine et le sucre brun en poudre.

Ajouter la margarine coupée en 3 morceaux. Avec un couteau dans chaque main...

... couper la margarine jusqu'à ce qu'elle forme des petits morceaux bien enrobés du mélange.

Eplucher les 5 pommes. Les couper en 4 et retirer les trognons.

Dans le plat qui va au four, couper les pommes en petits morceaux.

50

Retirer les raisins de l'eau. Les sécher avec du papier absorbant.

Eparpiller les raisins (ou bien les framboises) sur les pommes.

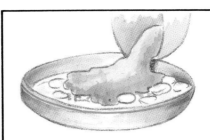

Verser le mélange farine, margarine et sucre dans le plat. Mettre au four, th. 9.

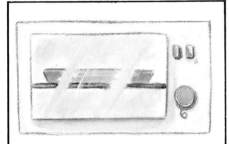

Au bout de 10 minutes, baisser la température à th. 6 et laisser encore 20 minutes.

Le gratin est cuit lorsque le jus de pommes fait des bulles autour du plat.

Servir ce gratin chaud ou tiède, accompagné de crème fraîche liquide.

51

MOUSSE AU CHOCOLAT NOIR DES PIRATES

RECETTE POUR 4 PERSONNES
A faire 2 h à l'avance minimum.
Préparation : 30 mn. **Cuisson** : 15 mn.
Matériel : une poêle, une casserole de taille moyenne, une tasse, une cuiller à soupe, une cuiller de bois, une terrine, un batteur électrique, un saladier, une spatule.

INGREDIENTS

NAVI' 'EMPLI À 'ABORD DE CHOCOLAT NOI' !

EMPARONS-NOUS DE LA CARGAISON !

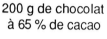

200 g de chocolat à 65 % de cacao

100 g de beurre

4 oeufs

2 cuil. à soupe d'eau chaude

une cuil. à soupe de café lyophilisé

sel

Mettre de l'eau à chauffer dans le fond de la poêle pour faire un bain-marie.

Dans la casserole, casser le chocolat. Ajouter le beurre.

Dans la tasse, mettre le café en poudre et les 2 cuillerées à soupe d'eau chaude.

Verser le café dans la casserole de chocolat et poser la casserole dans l'eau de la poêle.

Remuer jusqu'à ce que le tout forme une crème. Laisser tiédir 10 minutes.

Casser les oeufs en mettant le blanc dans une terrine et le jaune dans la casserole. Mélanger tout de suite chaque jaune.

Mettre une pincée de sel sur les blancs d'oeuf et les monter en neige ferme.

Verser le chocolat dans le saladier et ajouter petit à petit les blancs d'oeufs battus avec la spatule.

Mélanger lentement en soulevant le chocolat pour le passer au-dessus des blancs. Laisser 2 h au réfrigérateur.

PANCAKES DU NOUVEAU MONDE

CES PANCAKES DU NOUVEAU MONDE SONT...

HUGH !

RECETTE POUR 18 PANCAKES
Préparation : 15 minutes.
Repos : 2 heures.
Cuisson : 30 minutes.
Matériel : 2 terrines, un fouet, un chinois, papier absorbant, une petite poêle anti-adhésive de 20 cm de diamètre environ, une louche, une spatule.

INGREDIENTS

4 oeufs

2 sachets de levure

sirop d'érable

500 g de farine

1/2 cuil. à café de vanille en poudre

2 cuil. à soupe de sucre

1/2 cuil. à café de sel

3/4 de litre de lait

beurre pour la poêle

Mettre la farine et les oeufs dans une terrine et battre au fouet.

Verser le lait petit à petit, en continuant à battre.

Ajouter le sucre, la levure, le sel et la vanille.

Verser la pâte dans l'autre terrine à travers le chinois pour retirer les grumeaux. Laisser reposer 2 heures.

A l'aide du papier absorbant, beurrer la poêle et faire chauffer à feu moyen.

Verser à peu près une demi-louche de pâte tout doucement pour faire un pancake de 12 cm de diamètre, un peu épais.

Quand le côté qui est dessus devient sec et plein de trous, retourner avec la spatule.

Cuire l'autre côté à peu près 2 minutes, en soulevant pour surveiller la cuisson.

Déguster tout de suite le pancake en l'arrosant de sirop d'érable.

TRUFFES AU CHOCOLAT DES SANGLIERS

RECETTE POUR 40 TRUFFES
Préparation : 30 mn. **Cuisson** : 20 mn.
Matériel : une casserole de taille moyenne,
une cuiller de bois, 2 assiettes creuses,
une petite cuiller, un plat de service.

INGREDIENTS

une boîte de
400 g de lait
concentré sucré

20 g de
beurre

2 cuil. à soupe
de chocolat en poudre
pour petit déjeuner

un paquet de
vermicelle
en chocolat

40 caissettes
en papier pour
bonbons

MOI, J'AIME LES TRUFFES, MAIS PAS AU CHOCOLAT !...

Dans la casserole, mettre
le lait, le beurre et
le chocolat en poudre.

Chauffer à feu doux, en
mélangeant avec la cuiller
de bois jusqu'à ce que la
préparation soit bien lisse.

La préparation est prête
lorsque le chocolat peut se
décoller avec la cuiller.

Mettre la pâte sur une
assiette creuse et attendre
qu'elle refroidisse.

Avec la petite cuiller,
prendre une noix de chocolat...

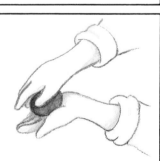

... et la rouler entre les
deux mains pour former une
grosse bille.

Dans l'autre assiette, verser le vermicelle; y rouler chaque bille pour que le vermicelle colle bien.

Placer les truffes dans les caissettes en papier et les servir sur le plat.

MOI, J'AIME LES SANGLIERS, LES TRUFFES ET LE CHOCOLAT...

!?

GOURMAND, VA !

COCKTAIL IMPÉRIAL DE CÉSAR

RECETTE POUR 4 GRANDS VERRES
Préparation: 10 minutes.
Matériel : 4 grands verres à orangeade, un pichet, un presse-citron, 2 assiettes creuses, un fouet, un couteau, une planche.

VOÏÇI UNE BOISSON DIGNE DE CÉSAR !

2 verres (ou 25 cl) de jus d'orange

un verre de jus d'ananas

un verre de jus de pamplemousse

3 cuil. à soupe de sirop de grenadine

une orange non traitée

1/2 citron

2 verres (ou 25 cl) d'eau gazeuse

2 cuil. à soupe de sucre

Dans le pichet, verser le jus d'orange, le jus d'ananas et le jus de pamplemousse.

Ajouter le sirop de grenadine et battre avec le fouet.

Presser le demi-citron et verser le jus dans une assiette creuse.

Dans l'autre assiette creuse, mettre le sucre en poudre.

Prendre un verre. Tremper le bord dans le jus de citron...

... puis dans le sucre en poudre.

Le verre est "givré". Faire de même avec les 3 autres verres.

Sur la planche, couper 4 belles rondelles dans le milieu de l'orange.

Avec le couteau, fendre chaque rondelle du bord jusqu'au milieu.

Dans le pichet, ajouter l'eau gazeuse. Bien mélanger.

Verser équitablement le cocktail dans les 4 verres givrés. Ajouter un glaçon.

Pour décorer, poser une rondelle d'orange fendue sur chaque verre.

IL FAUT QUE JE LE FASSE GOÛTER À CLÉOPÂTRE, ELLE A DU NEZ !

COCKTAIL MAGIQUE DE CAÏUS BONUS

RECETTE POUR 4 GRANDS VERRES
Préparation : 10 minutes.
Matériel : un pichet, un presse-citron, 2 assiettes creuses, 4 grands verres à orangeade, un fouet, une planche, un couteau de cuisine.

HÉ ! HÉ ! AVEC CE COCKTAIL MAGIQUE QUE J'AI VOLÉ AUX GAULOIS, JE SERAI CÉSAR À LA PLACE DE CÉSAR !

INGREDIENTS

2 verres
(ou 25 cl) de jus de
pamplemousse rose

une boîte de 25 cl
(ou 2 verres)
de soda au citron

2 cuil. à soupe
de sucre en poudre

2 cuil. à soupe
de sirop de citron

un verre
de jus d'ananas

un citron

4 glaçons

Dans le pichet, verser le jus de pamplemousse, d'ananas, et le sirop. Mélanger au fouet.

Laver la peau du citron à l'eau chaude.

Presser la moitié du citron et verser le jus dans une assiette.
Garder l'autre moitié du citron.

Dans l'autre assiette, mettre les 2 cuillerées de sucre en poudre.

Prendre les verres l'un après l'autre et tremper le bord dans le jus du citron, puis dans le sucre.

Les verres sont "givrés".

60

Couper 4 rondelles dans le demi-citron. Fendre chacune du bord jusqu'au milieu.

Dans le pichet, ajouter le soda et mélanger.

Verser ce cocktail dans les 4 verres. Y ajouter un glaçon et poser, sur le bord, une rondelle de citron fendue.

MAGIQUE, À COUPER LES CHEVEUX EN IV.
LA BARBE !